AF444048

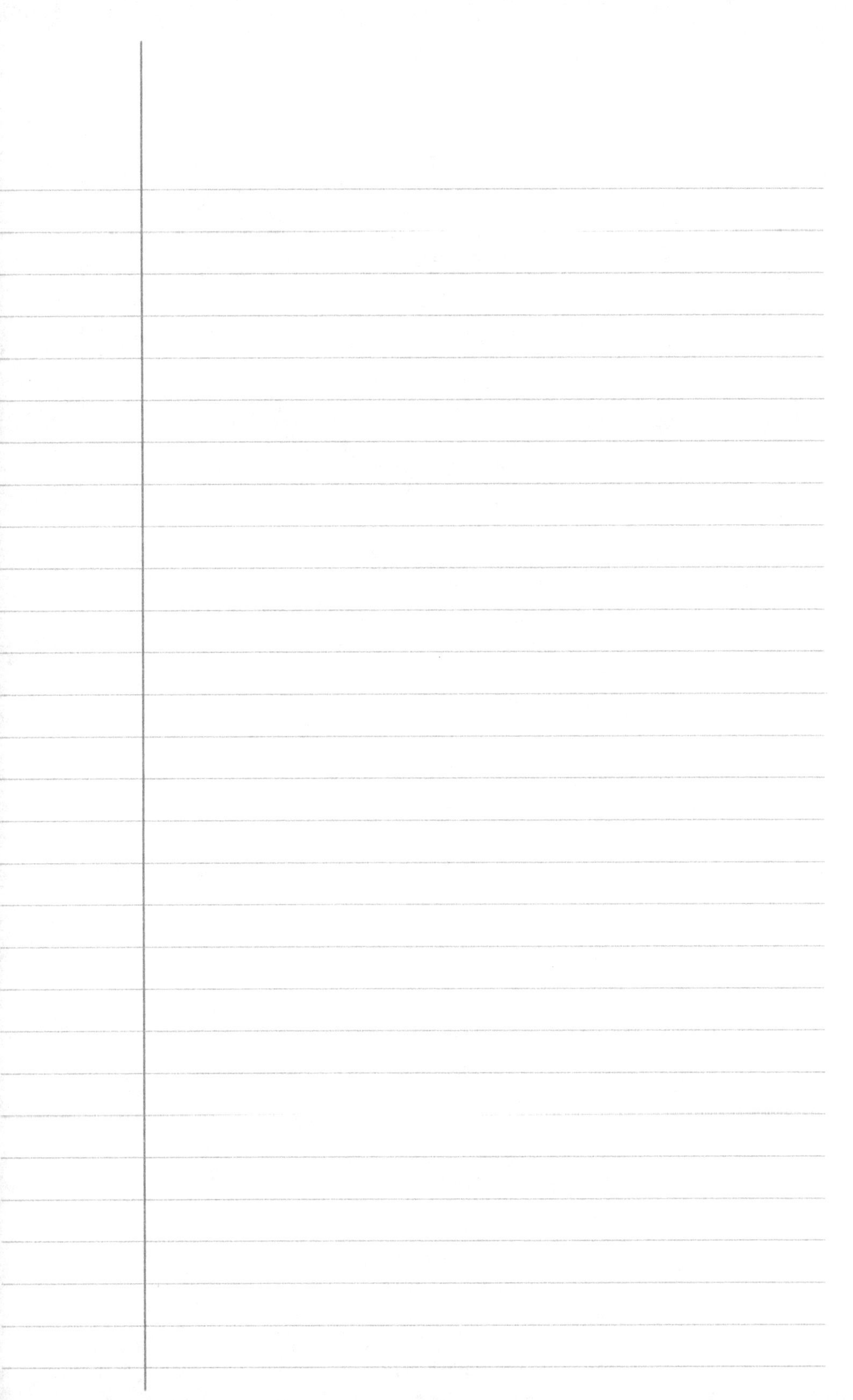

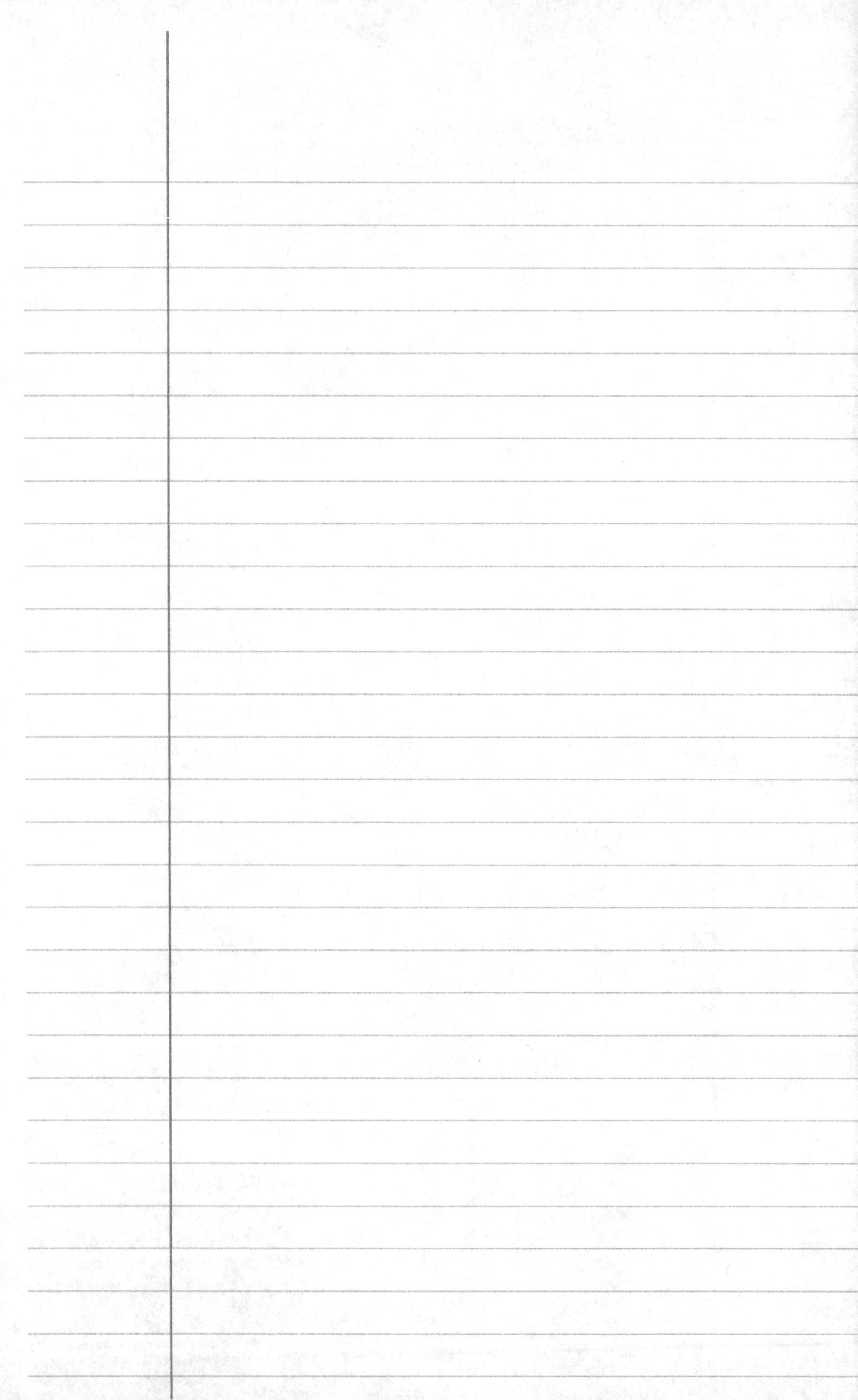

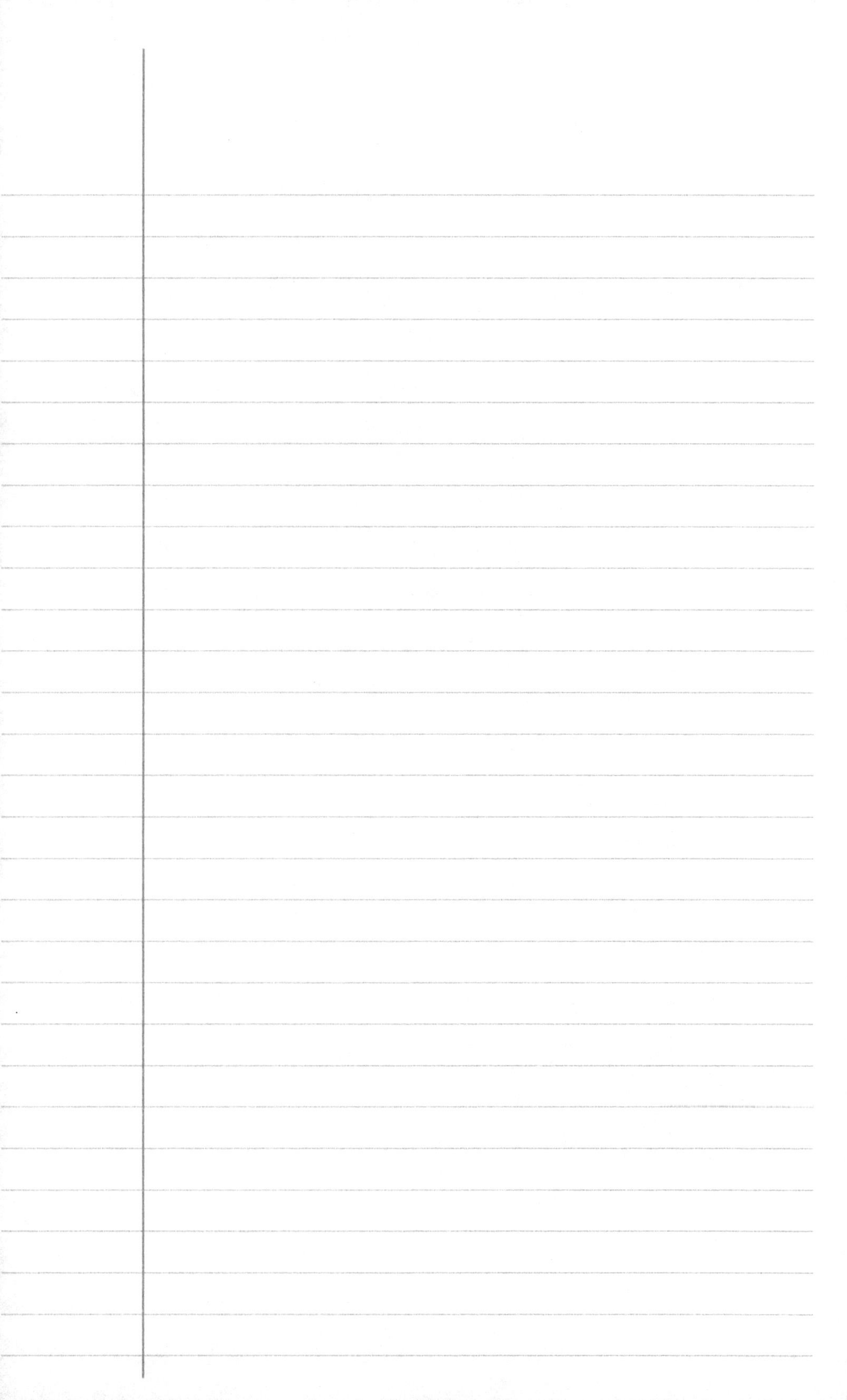

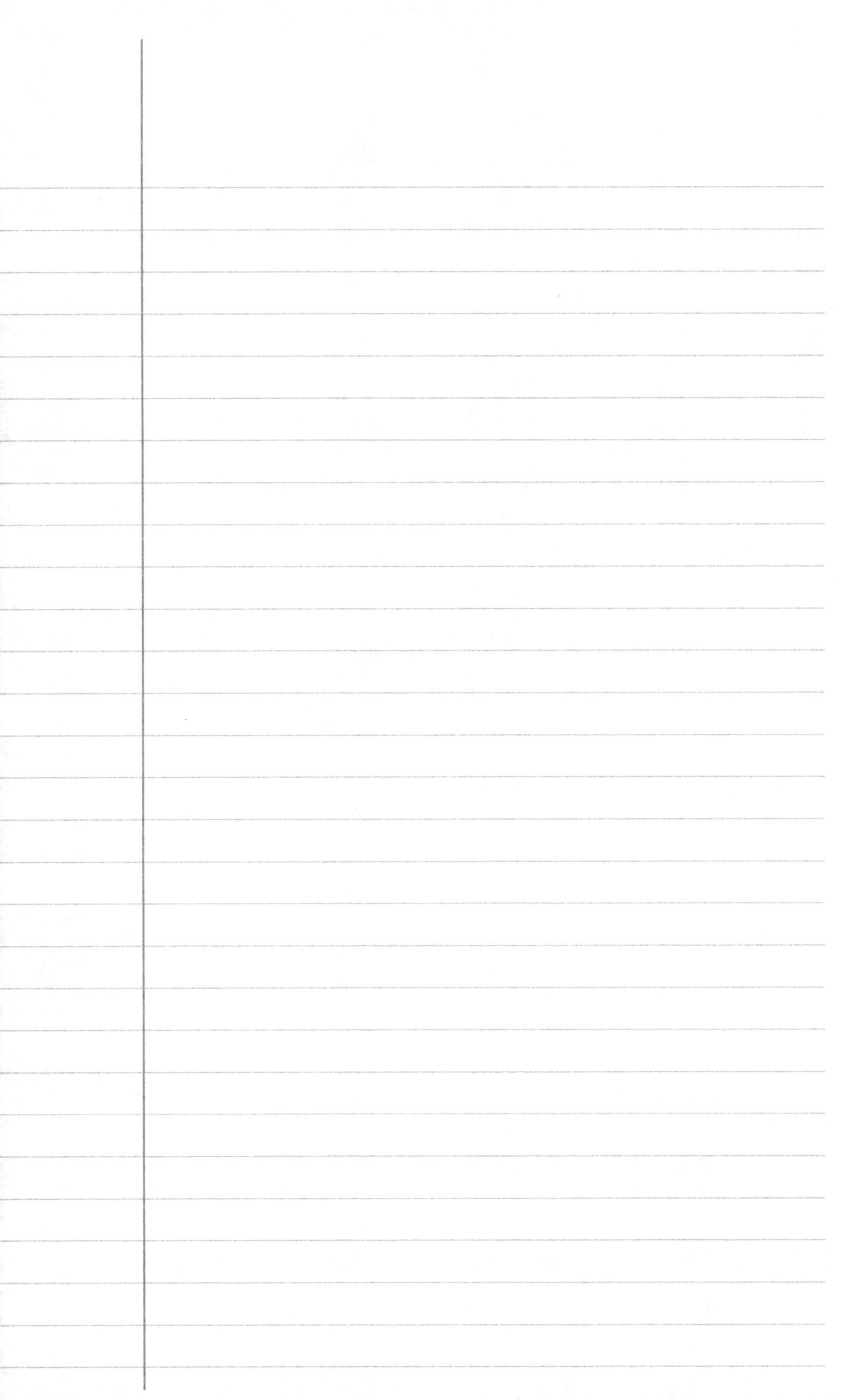

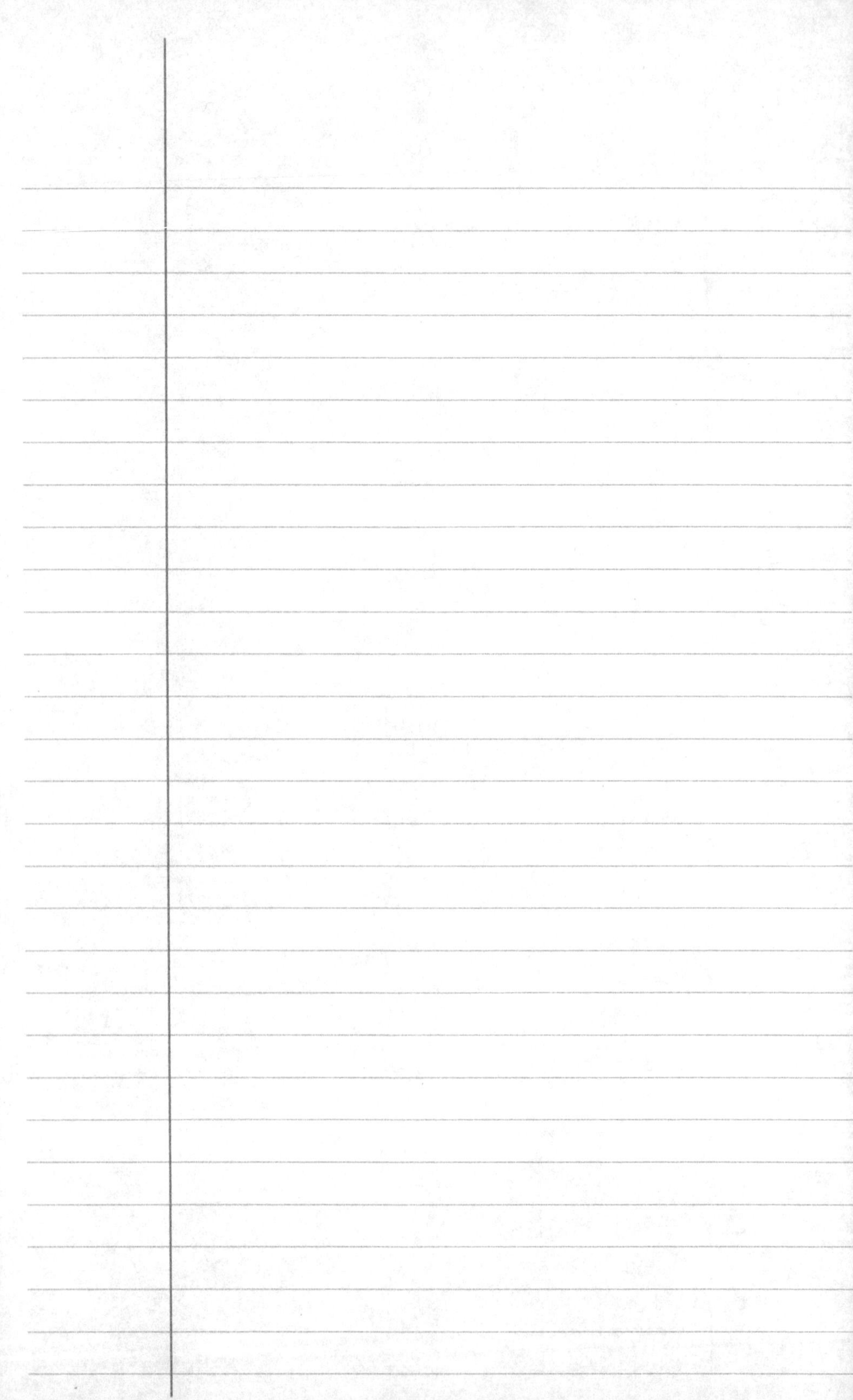